ESTER

Una mujer que fue tan valiente como era hermosa

Por Marlee Alex

Illustrado por Tiziana Gironi

Ester

Una mujer que fue tan valiente como era hermosa
Escrito por Marlee Alex
Illustrado por Tiziana Gironi
Diseño gráfico por Nils V. Glistrup

Drejervej 15, 3er piso, DK 2400 Copenhague NV, Dinamarca
E-Mail: info@sph.as Web: www.sph.as

Concebido, diseñado y producido por Scandinavia Publishing House

Impreso en China
ISBN 9788771326154

ESTER

Una mujer que fue tan valiente como era hermosa

Por Marlee Alex

Illustrado por Tiziana Gironi

Las columnas de mármol del patio brillaban a la luz del sol. Era el mediodía del séptimo día del festín. Los invitados del rey ya estaban algo ebrios. Algunos de ellos se movían torpemente por los pisos de mosaico, magníficos hasta para el rey del vasto imperio persa. Joyas y perlas brillaban entre las otras piedras de colores bajo sus pies.

Entonces el Rey Asuero agitó en el aire su pesada copa de oro y ordenó a sus sirvientes traer a su esposa, la Reina Vasti.

Los príncipes, nobles y oficiales invitados al festín gritaron. "Sí, traigan a la reina," exclamaron mientras abrían las cortinas púrpura que cerraban el interior del palacio. "¡Es más bella que todos los otros tesoros reales juntos!"

Los sirvientes corrieron al salón de banquetes donde la reina atendía a las damas. Pero volvieron sin ella.

"¿Qué?" exclamó el Rey Asuero.

"¿La reina se niega a venir?"

El rey se sintió avergonzado frente a sus invitados. Y estaba enfadado. Él, el hombre más poderoso en un imperio que se extendía desde la India hasta Etiopía, era alguien a quien todos los demás ansiaban complacer. Estaba acostumbrado a que su más mínimo deseo fuera satisfecho instantáneamente. Sin embargo, ahora su propia esposa lo ignoraba.

Reunió a su alrededor a los príncipes y nobles, "¿Qué debo hacer sobre esta conducta ofensiva de la reina?" preguntó.

"Bueno, tendrás que hacer algo al respecto, Asuero," protestaron los hombres. "Si tu esposa te desobedece, entonces puede ser que nuestras esposas empiecen a tratarnos en la misma forma. Pronto las mujeres de todo el imperio empezarán a regañar a sus esposos."

"¡Haz que se vaya!" insistió uno de los príncipes. "Y di a todo el mundo por qué lo haces."

Así que el rey envió un decreto a todo el imperio, traducido a cada idioma de cada provincia. El decreto decía que cada hombre debía hacerse cargo de su casa en forma ordenada y no debería permitir que su esposa desobedezca. Desde luego, el rey sabía que tenía que dar el ejemplo. Así que la Reina Vasti fue desterrada del imperio.

Sin embargo no pasaron muchos días para que el Rey Asuero lamentara lo que había hecho. Echaba de menos a su esposa. Para animarlo, sus nobles sugirieron que eligiera una nueva reina. Le propusieron hacer una amplia búsqueda, y que las doncellas más hermosas halladas en el imperio fueran traídas al palacio durante un año. Serían tratadas como princesas, recibirían los perfumes más costosos, cremas faciales y maquillajes, y después serían presentadas

al rey una por una. Cuando el rey hubiese visto a todas las jóvenes mujeres, podría elegir como su reina a la que más le gustara.

El Rey Asuero estaba encantado con la idea. Tenía la certeza de que podría hallar una mujer tan hermosa como su antigua reina, y una que nunca lo hiciera quedar como un tonto. Para asegurarse de esto, establecería reglas muy estrictas respecto a cuándo se le permitiría verlo, y sobre lo que se esperaba de ella. Y así, el rey anunció que un concurso de belleza tendría lugar en el palacio.

T Había un hombre llamado Mardoqueo que vivía en la ciudad capital, no muy lejos del palacio. Era judío, descendiente de los israelitas. En la casa de este hombre vivía una joven mujer llamada Ester. Era una prima de Mardoqueo a quien él había llevado a vivir en su casa cuando era muy pequeña y la había criado como si fuera su propia hija.

La piel de Ester era suave como la seda, y su tez aceitunada. Sus ojos eran grandes y expresivos, enmarcados por un grueso aro de oscuras pestañas. “Ella califica para el concurso de belleza,” dijeron los hombres del rey, y fue la primera elegida.

Ester era una joven mujer muy animosa, pero su entusiasmo era suavizado por su gracia y bondad. Pronto se convirtió en la favorita de Hegai, el siervo que estaba a cargo de todas las doncellas. Ester recibió la habitación más bonita del palacio, y siete criadas para que la atendieran y la trataran con abundantes tratamientos de belleza. Podía elegir primero entre exóticos frutos y lujosas prendas.

A pesar de esto, su primo Mardoqueo estaba preocupado por ella. Había tenido que dejarla ir, pero le dio la instrucción de no revelar que era judía. Todos los días caminaba por el cercado del jardín cercano a su ventana. En esas ocasiones le reconfortaba ver su sonrisa y la expresión de felicidad en su rostro.

Por fin llegó el día en que Ester iba a conocer al rey. Hegai le preguntó si le gustaría elegir ella misma la ropa que deseaba usar. “Y escoja algunas cosas de entre estas joyas,” le ofreció entregándole una caja de madera con adornos tallados a mano. Los bordes de la caja tenían filas de esmeraldas y rubíes.

Ester puso la caja cuidadosamente sobre la cómoda y levantó la pesada tapa. El contenido de la caja la dejó pasmada. Estaba llena de collares, anillos, broches, brazaletes, perlas para adornar el cabello, y peines con joyas para peinarlo. Ester nunca había visto algo tan magnífico. Sus dedos acariciaron las centelleantes joyas mientras volteaba a mirar a Hegai.

"Vengo de una familia común," le respondió. "¿Por qué tengo que fingir que soy rica e importante? Si voy a usar algo de esto, entonces debes elegirlo tú por mí."

Hegai sacó una hebra de brillantes perlas y la colgó alrededor de su cuello. Después eligió para ella un vestido de seda sin adornos. Le venía perfectamente. Hegai sabía que las prendas más simples harían que el rey notara la belleza natural de Ester, la clase de belleza que brilla desde el interior.

Cuando Ester atravesó los largos corredores en su paso hacia los aposentos del rey, la servidumbre del palacio dejó lo que estaba haciendo para admirarla. Cuando el rey posó sus ojos en ella, supo que no necesitaba seguir buscando a su reina. Declaró un día festivo en todo el imperio, ordenó hacer una gran fiesta en el palacio y envió regalos a todas las provincias para celebrar su matrimonio con Ester.

Los días y años del reinado de Ester pasaron muy rápidamente para ella. Durante este tiempo, su primo Mardoqueo se volvió oficial de la Guardia Imperial en la parte interior de las puertas del palacio.

Un día Mardoqueo escuchó por casualidad a dos de los oficiales que planeaban matar al rey. Él le dijo esto a Ester, y ella informó el hecho. La vida del rey fue salvada, y el nombre de Mardoqueo se guardó en el Libro de Registros del Imperio.

Poco tiempo después, el rey nombró a un nuevo Jefe de Estado cuyo nombre era Hamán. Hamán era orgulloso. Quería que todos los sirvientes y otros oficiales se arrodillaran cada vez que él pasara. Todos tuvieron el cuidado de hacerlo porque Hamán era un hombre duro y cruel. Es decir, todos se arrodillaban ante Hamán, excepto Mardoqueo.

"Soy judío," insistía Mardoqueo. "Como judío, no puedo arrodillarme ante nadie excepto ante Dios."
Esto hizo enfurecer a Hamán. Quería que Mardoqueo fuera ahorcado. Pero decidió hacer algo todavía peor. Decidió mandar matar a todos los judíos del imperio. Y decidió convertirlo en un juego lanzando un par de dados para definir el día exacto en que sucedería. En esta forma podría difundir miedo y terror entre ellos.

Hamán le dijo al rey cuál era su plan.

"Hay una raza de personas que no obedece nuestras leyes," argumentó. "Estas personas deben ser destruidas. De otro modo toda la gente del imperio empezará a actuar en la misma forma."

El rey no se molestó en preguntar ningún detalle. "Haz lo que quieras," le dijo mientras se quitaba el anillo que tenía sus iniciales. Le dio a Hamán el anillo para sellar la orden de muerte porque el rey estaba acostumbrado a dar a Hamán todo lo que quería. Hamán se fue contento. Selló la orden con el anillo del rey, y la envió con mensajeros a los gobernadores de todas las provincias. La orden indicaba que debían matar a todos los judíos, jóvenes y ancianos, incluyendo mujeres y niños, en cierto día y a cierta hora. Hamán prometió a los gobernadores que serían recordados como héroes por hacer esto.

Los judíos de la capital fueron los primeros en conocer la orden. Empezaron a entrar en pánico. Cuando Mardoqueo se enteró, corrió por las calles, directamente a las puertas del palacio, gritando y llorando. Con las horas la noticia se difundió, hasta que los judíos de todos lados se enfermaron de miedo. Se negaban a comer, se arrancaron las vestiduras, y se salpicaron con cenizas como una forma de protestar ante Dios y ante el rey.

En el palacio, la Reina Ester no había escuchado nada de la orden de matar a todos los judíos. Nadie, ni siquiera el rey, tenía idea de que ella era judía. Había estado sola en sus aposentos por más de treinta días. El rey no la había mandado llamar, y estaba prohibido que ella pidiera ver al rey.

Habían sido días solitarios para Ester. Un sentimiento de tristeza creció en su corazón. Era como si el rey se hubiera olvidado de ella. Temía que él estuviera enfadado con ella. La preocupación y el dolor le hicieron imaginar que él planeaba enviarla lejos tal como había hecho con la Reina Vasti.

Se suponía que Ester estaba aislada de todos los asuntos políticos. Pero una de sus criadas le dijo que Mardoqueo estaba

acostado a las puertas del palacio, vestido con un manto de pelo de cabra y cubierto en cenizas. Ester se horrorizó. Envió a la criada a hablar con Mardoqueo.

Mardoqueo le entregó una copia de la orden de Hamán, y le pidió hablarle a Ester sobre lo que estaba pasando entre los judíos. Envió éste mensaje a

Ester: "Ve con el rey y dile que tú también eres judía. Habla con él para salvar las vidas de tu pueblo en su imperio."

Cuando recibió el mensaje, Ester empezó a temblar de pies a cabeza. Se sentó y garabateó una nota para Mardoqueo.

"Todos saben que la reina no puede hablar con el rey a menos que él se lo haya pedido. Me podrían mandar matar sólo por pedir permiso para verlo. Temo que de todos modos él esté enfadado conmigo."

Pero Mardoqueo replica suplicando, "¿Crees que tu vida se salvará sólo porque eres la reina? Dios puede encontrar a alguien más que ayude a los judíos si tú tienes miedo de hablar. Pero tú y tu familia serán asesinados. ¡Ten fe, Ester! Tal vez esta es precisamente la razón por la que Dios te hizo reina."

Ester suspiró profundamente y se estremeció. La idea de presentarse ante el rey era bastante aterradora, pero decirle que su propia esposa era judía, y pedirle que revirtiera una de sus propias órdenes ya sellada era algo inimaginable. Inclinó la cabeza y empezó a llorar. No, nunca se atrevería a hacerlo.

Entonces, alguien empezó a hablarle suavemente al corazón. La voz se hizo más fuerte y más urgente. Por fin, no pudo ignorarla más, ni tampoco pudo discutir con el mensaje: "Tal vez esta es precisamente la razón por la que Dios te hizo reina."

Ester alzó la cabeza y sintió que su espíritu se elevaba con ella. "Vuelve con Mardoqueo," le susurró a la criada. "Dile que reúna a todos los judíos en la ciudad. Que les pida orar y no comer durante tres días. Yo haré lo mismo. Entonces, aunque esté prohibido, iré a ver al rey. Si voy a morir por mi pueblo, los judíos, entonces que así sea."

Ester oró sin parar durante tres días tal como lo había prometido. Después frotó aceites aromáticos sobre su piel, se puso su vestido rojo y lentamente caminó hasta el salón del trono donde el rey estaba sentado. Se detuvo apenas fuera de su vista y esperó en las sombras. Una tenue lámpara brillaba con luz tenue contra la pared. Su corazón latía con fuerza, pero sus oscuros ojos estaban firmes y decididos.

El rey pareció sentir que ella estaba ahí. El aroma de su perfume llenaba el salón. Él volteó ligeramente la cabeza y la vio de pie bajo la suave y titubeante luz. Ella no podía haberse imaginado lo bella que lucía. No era consciente de la gracia con que se movió cuando se arrodilló frente al rey. Su belleza volvió a despertar sentimientos olvidados en su corazón.

El rey alzó su cetro dorado hacia Ester. Era una señal de bienvenida, una señal de que ella no tenía nada que temer. Ester se acercó más y tocó la punta del cetro con los dedos. Entre ellos hubo una mirada de ternura.

"¿Qué pasa, Ester? Te daré cualquier cosa que desees, aún si es la mitad de mi reino," ofreció el Rey Asuero.

El corazón de Ester volvió a latir con fuerza. En espíritu ella no se sentía tranquila. Titubeó, bajó los ojos, y respondió en voz baja, "Deseo tener el placer de tu compañía en la cena esta tarde, junto con Hamán, tu Jefe de Estado."

"Sí, nos encantará ir. Iremos tan pronto como podamos," respondió el rey.

Más tarde, cuando los tres estuvieron sentados alrededor de la mesa, el rey alzó su copa de vino y dijo, “Vamos, dímelo, Ester. ¿Qué es lo que quieres que te dé? ¡Te daré cualquier cosa!”

La pregunta del rey otra vez hizo sentir a Ester intranquila. Algo parecía decirle que no era el momento correcto para decirle lo que quería. Entonces respondió, “Deseo disfrutar del placer de tu compañía en mi mesa otra vez mañana. Si realmente deseas hacerme feliz, por favor ven. Entonces te diré.”

Los dos hombres se levantaron de la mesa sintiéndose satisfechos y felices consigo mismos, especialmente Hamán. En casa alardeó ante su familia y sus criados que había cenado con el rey y la reina, y que había sido invitado otra vez para el día siguiente.

“¡Pero ese miserable de Mardoqueo!” Explicó Hamán. “Hoy otra vez se negó a arrodillarse ante mí cuando crucé las puertas del palacio. ¡Es humillante!”

"¡Debería ser ahorcado de inmediato!" Declaró su esposa.

"¡Buena idea!" replicó Hamán. El mismo día ordenó construir una horca y decidió pedir permiso al rey a primera hora del siguiente día.

Sin embargo, esa noche el rey se despertó y ya no pudo volver a dormir. Tratando de aprovechar el tiempo, empezó a leer sus libros de registros oficiales. Al amanecer, estaba leyendo la parte que refería a los dos oficiales de

la Guardia Imperial que habían planeado matarlo pero cuyo plan fue informado a tiempo por un hombre llamado Mardoqueo. "¿Alguna vez recompensamos a este Mardoqueo?" preguntó a uno de sus ayudantes en el desayuno.

"No, pero todavía vigila fielmente las puertas del palacio."

En ese preciso momento el rey decidió hacer algo para recompensar a Mardoqueo. Cuando Hamán llegó al trabajo esa mañana, el Rey Asuero lo encontró en la puerta y le preguntó, "Dime, ¿cómo debo recompensar a un hombre que se ha ganado mi preferencia?"

Hamán pensó, "¿Quién puede haberse ganado la preferencia del rey más que yo?" Y respondió, "Pon tu manto real sobre sus hombros y una corona en su cabeza. Deja que se siente en tu propio caballo mientras uno de tus más nobles príncipes lo lleva por las calles gritando, 'Así es como el rey recompensa a quienes han ganado su preferencia'."

"¡Una maravillosa sugerencia!" respondió el rey con una gran sonrisa. "Ven, toma mi manto y mi corona, ve por mi caballo y recorre la ciudad llevando a Mardoqueo, el judío, montado en él. Asegúrate de gritar tan alto como puedas, '¡Así es como el rey recompensa a quienes han ganado su preferencia!' "

Hamán miró al rey, sorprendido. No le ayudaría nada decirle al rey que había tenido la intención de hacer ahorcar a Mardoqueo ese mismo día. En vez de eso, Hamán forzó una débil sonrisa y asintió. "S-s—sí, Su Majestad," tartamudeó. Y así Hamán fue forzado a hacer lo que el rey había ordenado.

Esa tarde Hamán se presentó como se esperaba en los aposentos de la reina para cenar. Esta vez cuando el rey preguntó a Ester para qué los había invitado, ella respondió, "Si en verdad me amas, entonces salva mi vida y la de mi pueblo a través de tu imperio. Porque hay un decreto por el que se matará a todos los judíos el 28° día de febrero de este año."

"¿Quién ordenó algo tan cruel?" exigió saber el rey, con enfado.

"Este hombre, Hamán," respondió suavemente Ester.

La cara de Hamán se puso blanca como ceniza, y cayó a los pies de la Reina Ester pidiendo clemencia. El Rey Asuero había sido superado por la sorpresa. Salió de prisa del salón, y regresó súbitamente. Hallando a Hamán todavía pegado a la reina, se puso furioso. Exigió que Hamán fuera ahorcado ese mismo día.

Ester empezó a llorar. Las lágrimas caían como gotas de lluvia por sus pálidas mejillas. La inquietud y el temor, la lucha por armarse de valor, y la decisión de tener fe habían quedado atrás, pero ella quedó debilitada. El rey miró hacia abajo y otra vez sostuvo su cetro dorado apuntando a Ester. En ese momento ella supo que, juntos, hallarían una forma de salvar las vidas del pueblo judío.

Hamán fue colgado en la horca que había mandado construir para Mardoqueo. Mardoqueo se convirtió en Jefe de Estado en lugar de Hamán. Y desde ese día Ester ganó la preferencia del rey y tuvo influencia en los asuntos del imperio.

Ester halló el valor para arriesgar su vida poniendo su fe en Dios. Confió en su suave voz y aprendió que Su tiempo es siempre perfecto.

Podrás encontrar la historia de Ester en el Antiguo Testamento, en el libro de Ester.